এক চিলতে রোদ

মৌসুমি সরকার

উৎসর্গ

আমার স্বর্গীয় পিতা হরিহর সরকারকে...
যিনি আমার এই লেখা শুরু করার ভাবনায় ও
আমার ন্যূনতম প্রতিষ্ঠার সম্ভাবনায় সবচেয়ে বেশি খুশি হতেন।

মৌসুমী সরকার

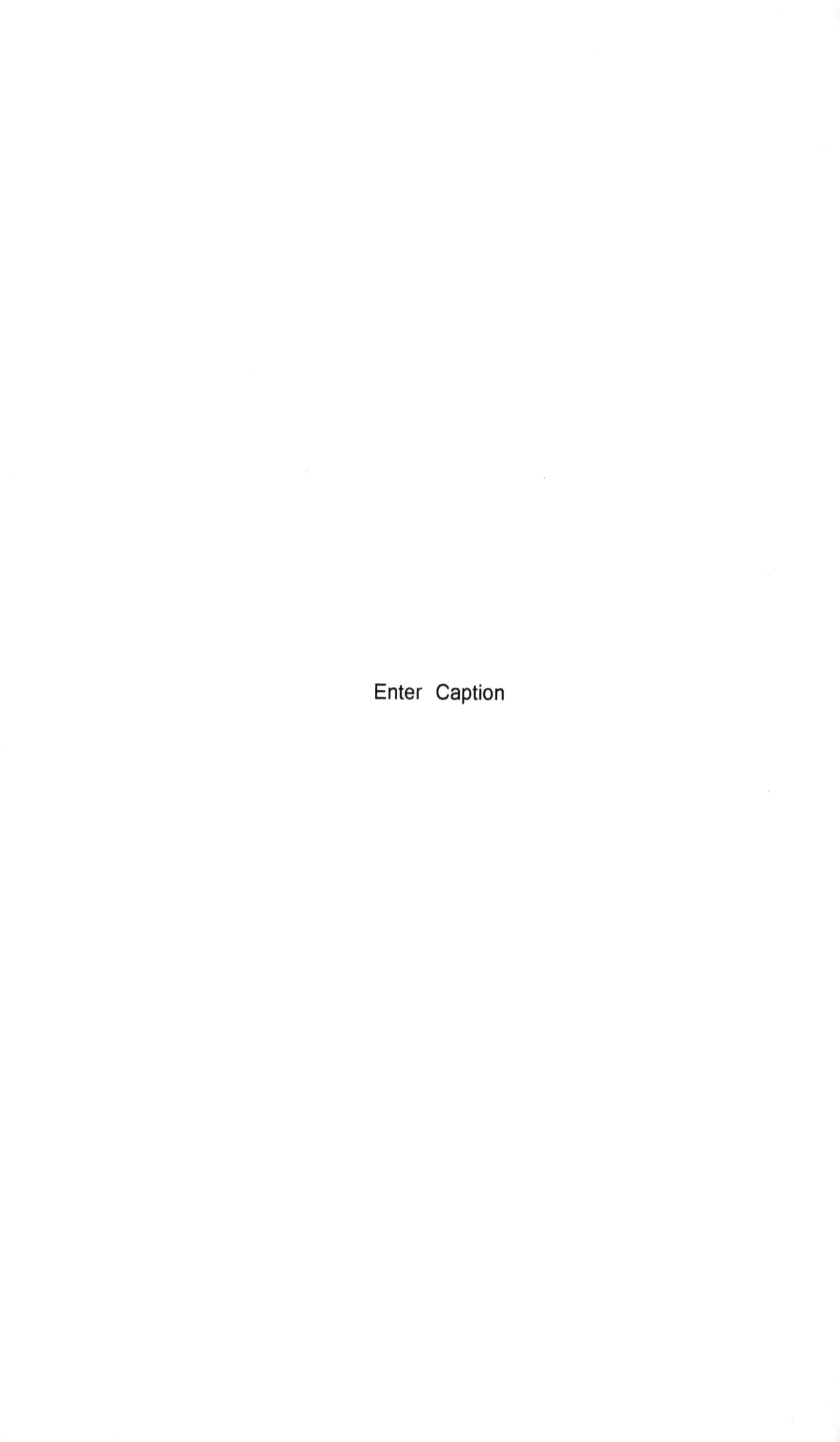

Enter Caption

বিষয়বস্তু

অনুক্রমণী

সূচিপত্র

Enter Caption

অনুক্রমণী

প্রস্তাবনা

প্রস্তাবনা

কবিগুরুর ক্ষণিকা কাব্যগ্রন্থের বোঝাপড়া কবিতায়....

"মনেরে আজ কহ যে, ভালো মন্দ যাহাই আসুক, সত্যেরে লও সহজে"

কথার সূত্র ধরেই বলি,

আমরা যদি জীবনের কঠোর বাস্তবতাকে সহজেই

মেনে নিতে পারি,তাহলে বোধহয় আমাদের জীবনে দুঃখ,হতাশা,

অপ্রাপ্তি নামক শব্দগুলো এখানে বাসা বাঁধতে পারেনা।

বর্তমান সমাজ ব্যবস্থায় আমরা মহিলা পুরুষ নির্বিশেষে

সকল বয়সের মানুষের একাংশ ব্যক্তিগত জীবনের

ঘাত প্রতিঘাতে ভীষণ হতাশাগ্রস্ত। ধরণ আলাদা হলেও

প্রত্যেকেই কোনো না কোনো ভাবে শোষণ ও বঞ্চনার

শিকার। সামাজিক এই অবক্ষয়ের পটভূমি কে কেন্দ্র করেই

আমার এই কাব্যগ্রন্থ "এক চিলতে রোদ"।

কখনও আমরা হতাশার অন্ধকারে ডুবে যাই,

আবার কখনো বঞ্চিত হতে হতে মন হয়ে ওঠে প্রতিবাদী।

আবার কখনো আশার আলো মনকে শান্ত করে।

মনে পড়ায় অতীত দিনের ভালোলাগা, ভালোবাসার কথা।

ঠিক এই ভাবনা গুলোই তুলে ধরা হয়েছে আমার কবিতায়।

নৈরাশ্যের অন্ধকারে ডুবে থাকা মানুষের জীবনে

কিছুটা হলেও আশার আলো যদি এনে দিতে পারে আমার

"এক চিলতে রোদ" সার্থক আমি সেখানেই।

অপেক্ষায় রইলাম।

মৌসুমী সরকার

Enter Caption

অধ্যায়১

তোমারআমারপ্রেম

তোমার মাঝেই আমার প্রকাশ

নিত্যদিনের চলায়-

তোমার সাথেই আমার কথা-

কল্প-কবিতায় !

আমি আছি, তুমিও আছো,

মাঝে ভালোবাসা,

তফাৎ শুধু একটু-খানি,

আমি থাকি এ জগতে,

তোমার তারাদের দেশে বাসা !

একটু খানি সময় পেলেই,

তাইতো কবিতায় আসা।

জমে থাকা ব্যথাগুলো,

কবিতায় পায় ভাষা।

ভাবনা গুলো এলোমেলো

ছড়িয়ে থাকে পাতায়।

আমার সকল প্রেম বুঝি তাই

আমার কবিতার খাতায়।

❧❦❧

ব্যর্থতা

ব্যর্থতা যেখানে জীবনের অঙ্গীকার

সুখ শব্দের মূল্য রইল কোথা আর?

বিরামহীন পথ চলার মাঝে-

পরিচয় কতনা মানুষের সাথে

ফেলে আসা জীবনের প্রতিটি
সকাল সাঁঝে!
আলাপ, ভালোলাগা, ভালোবাসা
বিশ্বাস অবিশ্বাসের দোলাচলে
মন বুঝি অন্য কথা বলে!
কাটা ছেঁড়া সম্পর্ক গুলোতে
অবিশ্বাসের বাষ্প এসে আবছা
করে চলে যায় মুহূর্তের আবেগ!
মানতে চায়না মন তার পরাজয়
ছুটে যায় অতীতের পানে
সাথে আকুল উদ্বেগ!
সরলতা প্রত্যয় কে পিছনে ফেলে
উন্নত শঠতা দম্ভে এগিয়ে চলে
সবাই যে আজ আমার ই দলে!
মেধা নয় সফলতা আসে অর্থ বলে!
পিষ্ট মনন সজল চোখে প্রশ্ন তোলে
মানবতা? সেও কি কপটের দখলে?
নির্বাক অসহায়ত্ব ই ব্যর্থতা হয়-
নাম বদলে-
বাস্তবতা বোধহয় একেই বলে!

❧❧❧

ভাবনা

আমি মরিনি, আমি আছি
ক্ষুদ্র ক্ষুদ্র আশাগুলি নিয়ে
কষ্ট করেই বাঁচি।
যা যাবার তা গেছে!
মন কুঁরে খাওয়া কষ্ট গুলো?
তারাও কিন্তু আছে।

তবুও ভাবি বাঁচতে হবে–
নতুন আশায় বুক বেঁধে তবে––
লড়াই কে ভালোবাসবো যবে?
সেদিনই এক রঙিন সকাল
আমায় আলোর পথ দেখাবে!
কর্তব্য পাশে বদ্ধ আমি––
তাইতো আমায় বাঁচতে হবে!
স্বপ্ন পূরণ লড়াই শেষ
পাড়ি দেব নতুন দেশ
দুঃখ জ্বালা জুড়াবে তখন,
ঘুচে যাবে সকল ক্লেশ।
নতুন সাজে সেজে যাব
সে যে গো এক না ফেরার দেশ,
এমন ভাবনা ভেবে ভেবে ই
দিন গুলো আমার কাটছে বেশ!

❧ ❧ ❧

সাজোভিন্নরূপে

একই অঙ্গে ভিন্ন রূপে
আত্ম পরকাশে,
নারী তুমি জ্বলে ওঠো–
যে আগুনে লিপ্সা জ্বলে,
কামাসুর মরে ত্রাসে।
লোলুপতার মাত্রা যে আজ
ছাড়িয়ে গেছে দেশ-বিদেশে,
মানুষ রূপে হেথা-সেথা
ঘোরে তারা পশুর বেশে।
মা-বোন নয়,এরা যে
আজ শুধুই শরীর বোঝে।

মৃত লাশের মাঝেও তাদের
বিকৃত কাম খোঁজে।
কারো কন্যা,কারো জায়া,
ওগো মমতাময়ী মা-।
সইবে কত? মুখ বুজে আর
নীরবে যাতনা?
অস্ত্র হাতে ধরো এবার
হও রণাঙ্গনা!
মান বাঁচাতে হতে হবে-
তোমায় বীরাঙ্গনা!
যে রূপেতে ভুবন ভোলায়
সেই রূপেতেই আগুন জ্বালায়
জগন্ময়ী মা,
ঐ একই রূপে সেজে উঠে-
অমানিশার তমসা-নাশে
নতুন রূপে জ্বলে ওঠো,
ঘুচাও কালিমা!
ঐ দনুজ দলনী রূপই তোমার
বাড়াক গরিমা।

Enter Caption

❦❦❦

কান্নাধোওয়াশিশির

মনে পড়ে সেদিনের সেই সকালের রোদ্দুর,
আগমনীর পরেই যেথা বাজলো বিদায় সুর!
কথা ছিল হাত ধরে ঐ হাঁটবো শিশির ঘাসে
মনের কথা বলবো দু'জন যে যার অবকাশে।
এক সাথে সেই গানটি গাওয়া,
একে অপরের চোখে চাওয়া,
পূরণ হবে সকল চাওয়া
বসলে শিশির ঘাসে।
মারণ রোগে ধরলো তোমায়
সকল স্বপন এক লহমায়
মিলিয়ে গেল তারার সাথে ঐ দূর আকাশে!
আমার সকল চাওয়া-পাওয়া,
স্মৃতির দেওয়াল পূর্ণ ক'রে
ঐ শিশির ধোওয়া ঘাসের আগায়
বেবাক হাসি হাসে!
শুধু তোমার মুখ-ই মনে পড়ায়
হেমন্তের এই সকাল বেলায়
যেথায় শোয়ানো ছিল নিথর দেহ
ঐ শিশির ভেজা ঘাসে।
কান্না ধোওয়া শিশির আমার
গড়িয়ে পড়ে ঘাসে!

❧❧❧❧

গর্জেউঠুককলম

দেশ জুড়ে আজ বিপন্নতা,
গ্রাস করেছে আরাম-আনন্দ,
সুখ-স্বাচ্ছন্দ্য, কেবল নাশকতা!
অন্ন নেই কৃষকের ঘরে!
রোদে পুড়ে, জলে ভিজে,

যারা সবার অন্ন জোগাড় করে!
প্রতিবাদের ভাষা থাকলেও-
নেই সাহস, হেরেছে তারা-!
যাদের জন্য অনেকেই আজ
নিঃস্ব, স্বজন হারা!
ভাঙতে যে হবে তোমাদেরই
আজ,অসহায়ত্বের নীরব কারা!
প্রতিবাদ হোক কলমে, বোবারা
পাক ভাষা, শোষিতের দলে
নাম লিখিয়েছে যারা, খুঁজে
পাক প্রত্যাশা। ফুটপাতে কাঁপে
প্রচণ্ড শীতে,ঘর হারিয়েছে যারা?
কলমের জোরে শান্ দিয়ে উঠে
তাদের কুঁড়ে বানাবার আশা।
করতে স্বাধীন,পরাধীন দেশ;
কলম চালিয়ে সমান-
কবিগুরু থেকে নজরুল যাঁরা,
জাগালেন শত প্রাণ!
কলম তোমায় ধরতেই হবে
বাঁচাতে তাদের মান।
জুটুক অন্ন ক্ষুধার্ত পেটে,
শোষিতরা পাক প্রাণ!
ভাষা ফিরে পেয়ে সকলেই
দিক, কলমের জয়গান!
কলম তোমার গর্জে উঠুক-
দিতে শোষক বিরোধী স্লোগান।

Enter Caption

❦ ❦ ❦

জীবনবাতি
মনের মিল না হলেও
সামাজিক- বন্ধনে আবদ্ধ হয়ে
কাটছিল বেশ।
একসাথে সাত পাকে ঘুরে
সুখে-দুখে পাশে থাকার অঙ্গীকার করে,
হয়তো কণা পূরণও করতে পারনি তুমি।
তবু ও,ঐ যে! ভালোবেসেছিলাম!
বাবা-মায়ের পছন্দে না করিনি,
হয়তো একটু বেশি-ই ভালোবেসেছিলাম তোমার থেকে।
রাখনি অঙ্গীকার, চলে গেলে হঠাৎ-ই!
কি অপরাধ ছিল আমার?
হয়তো ওপারে বসে তুমি বলবে নিয়তি।
আর আমি? কাকে প্রশ্ন করবো বলো?
এক মুহূর্তে স্তব্ধ হয়ে গেল
আমার জীবন-চলার গতি
থেমে গেলাম!
ঘন কালো অন্ধকারে ছেয়ে গেল মন,
আমার জগৎ!
তবু আজ-ও আছি, মরিনি আমি।
কেন জানো?
চোখের জলে ভাসি যখন?
ছোট্ট ছোট্ট হাতদুটো দিয়ে,
যখন সে,চোখ মোছায় আর বলে,
মা কেঁদোনা! আমি তো আছি।
তাইতো আমি বাঁচি,

শুধু ওর জন্য-ই বাঁচি!
ও যে তোমার ভালোবাসার উপহার!
আমার অন্ধকার জীবনের
একমাত্র বাতি।

❧❧❧

আমিমা
নারী জীবনের পরম প্রাপ্তি
হলাম যেদিন মা
অপূর্ব সে অনুভূতি
কোনো কিছুর সাথেই যে
তার হয়না তুলনা!
ফুটফুটে এক চাঁদ এলো
ঐ,আমার ছোট্ট ঘরে!
চেয়ে চেয়ে দিন কাটাতাম
তোর মিষ্টি মুখের 'পরে।
প্রথম তোকে কোলে নেওয়া,
ঘুম পাড়াতে লোরি গাওয়া,
অনন্য সে অনুভূতি!
বর্ণনা তার এক কথাতে
কোনো ভাবেই যায়না দেওয়া।
গুটি গুটি পা ফেলা,
আধো আধো স্বরে 'মা' বলা,
ভেসে ওঠে,দু চোখে আজও
সেদিনের সেই মধুর ছবি!
দেখতে দেখতে তেরো বছর,
মাঝে তোর ঐ ছোট্ট বুকে
পেলি ভীষণ ব্যথার আঁচর!
বুকের কষ্ট চেপে রেখে–

যখন ভোলাস আমায় হেসে?
গলা জড়িয়ে ধরে বলিস?
আমি আছি তোমার পাশে-
মাগো, কষ্ট পেওনা।
জলে দু'চোখ বুজে আসে
কোনো দুঃখ নেই রে সোনা!
তুই যে আমার সাত রাজার ধন-
আর আমি যে তোর মা!
মানুষের মত মানুষ হয়ে-
দীর্ঘায়ু জীবন নিয়ে-
মাথা তুলে দাঁড়া, সমাজের বুকে
পরমপিতার কাছে অভাগী মায়ের,
এটাই কামনা!

❧❧❧

বয়স যখন শিকড় ছেঁড়ে

আমি পারিন্যে গো যেত্যে,
ভেব্যে ভেব্যে দিন গেল ঐ
মুন লাগেনা খেত্যে শুত্যে।
বয়সটো অনেক হলছ্যে বুল্যে-
জায়গা হয় নাই গো,
আপুন ঘরখানট্যোতে!
আমি এখুন বাতিল মানুষ-
দরকার নাই মুকে-
উয়াদের মাঝখানেট্যোতে!
পরিচয় দিত্যে মুশকিল বট্যে-
দামী মানুষের সমাজট্যোতে।
কথা বুল্ল্যে মানটো যাবে-
তাই রেখ্যে গেল এখানট্যোতো।

মানুষ গুল্যান ভালোই বট্যে,
নিজেদের কষ্ট দূরে ফ্যেলে-
আমাকে সবসময় ভুলিন রাখে।
তবু ক্যান যে বারবার আমার-
ঐ মুখগুল্যানই মুনে আসে?
বাবু, তুমি বুলতে পারো?
শান্তিভবন টো যাব কুন দিক্যে?
বড়ো সাধ করে কত্তা আমার-,
ঘরটোর নাম রেখ্যাছিল অনেক ভ্যেবে-
তখন কি আর জানত্যাম বুলো?
শান্তি লষ্টের কারণ হয়্যে-
একদিন বিদায় লুব ঐ ভবন খ্যেকে?
একবারটি দেখে আসব্যো, থাকবোনা,
উয়াদের ঘরখানট্যোতে।
মা,ডাকটো শুনত্যে আমার-
খুবই যে গো ইচ্ছ্যা করে!
কবে, কখুন চোখ বুজবো
কেউ কি সেটো বুলত্যে পারে?
একটো আশীর্ব্বাদই করে আসব্যো;
তুই যেদিন বুড়্যো হবি খুক্যা?
তুর ছেল্যে যেন ভালোবেস্যে,
তুকে ঘরছাড়া করতে লারে!
বড্ড জ্বালা শিকড় ছেঁড়ার-
সকাল-দুফুর এই একটো কথায়-
মুনের দুয়াড়ে কড়া নাড়ে।
ভালো থাকিস বাছা আমার,
নাইবা থাকল্যো মা নামের বুঝাটো-
তুর ঐ নামী-দামী সুখের ঘরে!
বাবু, তুমি বুলত্যে পারো?

ঐ শান্তিভবনটো যাব কুন দিক্যে?
(আদি গ্রামীণ ভাষায় লেখা এই কবিতা। মুর্শিদাবাদ জেলার কিছু
গ্রামে শোনা যায় পুরোনো লোকেদের মুখে। এখানে, কিছু শব্দে "ন"কে
"ল"আবার কিছু শব্দে "ন" কে "ন"এর মতো উচ্চারিত হতে শোনা
যায়। "দুপুর"কে "দুফুর", "আশীর্বাদ"কে "আশীর্ব্বাদ" বলা হয়ে
থাকে। সেভাবেই লেখা হয়েছে উল্লিখিত কবিতায়।)

❧❧❧

আমিত্ব

আমার 'আমি' যখন দেখে
সবার 'আমি'র দিকে,
কি করেছে আমার 'আমি'?
প্রশ্ন করে আমিত্ব কে।
আমার 'আমি', তোমার 'আমি'
কে এই 'আমি'! জানে কি কেউ?
আমিত্ব, নাকি সবার 'আমি'!
সবার থেকে কে যে দামী?
জলে ফেলে অহং 'আমি'
বিলিয়ে দাও সবার মাঝে,
জনস্বার্থে ছড়িয়ে পড়ুক—
সবার 'আমি' দিকে দিকে।
বিবেক বাতি জ্বালিয়ে সবার,
বিলীন করো একক 'আমি' টাকে!
'আমি' যেন সবার হয়ে,
সবার মাঝেই ছড়িয়ে থাকে।
আমিত্ব প্রতিষ্ঠার লড়াইয়ে যেন
আঘাত না লাগে মনুষ্যত্ব কে,
সবার 'আমি'র পথ ধরে তাই
দেখি নতুন দিগন্ত কে।

❧❧❧

মন-পাখি

যা পাখি তুই যা-না উড়ে-
মেলে রঙীন ডানা,
হারিয়ে যাওয়া মানুষ গুলোর,
খবর এনে দে-না!
কোথা আছে, কেমন ভাবে-?
কোনখানে যে ঘর-!
অসময়ে যায় যারা ঐ
সব কে ক'রে পর?
কেমন আছে, স্বজন তাদের-
হারিয়ে সুখের ঘর?
সবার খোঁজ-ই চাই যে আমার
নেই কো আপন পর!
ওরে আমার মন-পাখি!
দুখে আছি সে কথাটি-
নতুন করে শুনবি নাকি?
সবার সুখের মাঝেই যে রে
আমার দুখের শেষ!
তাদের সুখের মাঝেই আছে
সে এক কল্প দেশ!
যেথা নেইকো ব্যথা, নেইকো অভাব
নেইকো পেটের টান-!
ধনী-গরীব নেই ব্যবধান
সবাই হেথা সমান।
এমন কথা ভেবে ভেবেই
যায় যে দিন-মান।
তাই ডানা মেলে এক নিমেষে,

মৌসুমি সরকার

স্বজন হারার দেশে–;
মন-পাখি তুই উড়ে গিয়ে,
থাক্ না, সবার পাশে।

Enter Caption

❧❧❧

আশারআলো
হতাশা যখন জীবন জুড়ে!
মন চলে যায় কোন সুদূরে–
টুকরো টুকরো ব্যথা গুলো,
স্মৃতির আকাশ জুড়ে–
চোখের পাতায় ভিড় ক'রে যে
বৃষ্টি হয়ে ঝরে!
ভাবি বসে অবকাশে,
কি পাইনির হিসেব শেষে–
আমার আশার মেঘবালিকা,
বললো শুধু হেসে–!
জাগতে হবে নতুন করে–
তাদের ভালোবেসে।
বেঁচে থাকার লড়াইয়ে যারা;
দুমুঠো ভাত যাচে!
মিলিয়ে গেল চাওয়া-পাওয়ার
হিসেব নির্নিমেষে!
অপ্রাপ্তি কে পায়ে পিষে
মেঘের মতো ভেসে–
যাব দেশ বিদেশে,
আশার-আলো দেখাতেই হবে;
ভাবি অবশেষে!
অনাহারে ধুঁকছে যারা?
পান্তা ভাত ও লবণ হয়ে
থাকব ওদের পাশে!
আমার মেঘবালিকা-ই বলে গেল
অর্থ পাবে জীবন শুধু,

নিজেকে নয়? অপরে ভালোবেসে!

❧ ❧ ❧

ভুলিনিআজও

আজও ভাবি সেদিনের সেই-
মিষ্টি মধুর হাসি!
হাসি মুখে বললে এসে-
তোমায় ভালোবাসি!
অবাক হয়ে তাকিয়ে ছিলাম,
তোমার মুখের দিকে
মুখে চোখে খুশি যেন,
পড়ছে ঝরে ঝরে
উজ্জ্বল মুখ, চোখে প্রত্যয়,
মনে পড়ে সেদিন যেন,
করেছিলে রাজ্যজয়।
লাজুক আমি বলেছিলাম
নামিয়ে চোখ নীচে
এ আবার কি নতুন কথা?
আমরা তো দুজন-দুজনে
সাতপাকেতে বাঁধা।
দুষ্টু চোখে হেসে ছিলে
একটু মিষ্টি করে-
সেই হাসি-ভরা দুচোখ তোমার,
আজও মনে পড়ে!

❧ ❧ ❧

একচিলতেরোদ

চল তোকে নিয়ে যায় দূরে-
কোনো এক অচীনপুরে-,

ঐ সুদূরে, যেথা সুনীল আকাশ
আর বলাকারা খেলা করে দিগন্ত জুড়ে।
মুগ্ধতার আঁখি মেলে,
আকাশ পানেতে চেয়ে,
গেয়ে উঠি বসন্তের সেই পুরনো সুরে,
কোকিলেরা সুর ভুলে উড়ে চলে,
আমাদের বাসন্তী গানের তালে।
মন ভেসে যায় একে-অপরের
হাত ধরে।
নেচে ওঠে কথকের উদ্দাম-তালে।
রঙিন স্বপ্নেরা ডানা মেলে এগিয়ে চলে।
নরম ছোট্ট ছোট্ট দুটি হাত-
গলা জড়িয়ে বলে,চোখ খোলো?
কেন ঘুম ভাঙেনি মা? আজ সকালে?
ক্ষণেকের নিস্তব্ধতা, প্রশ্ন করে,
স্বপ্ন ছিল তবে? 'সে'-তো,
হারিয়েছে কালের অতল তলে-
কোন অকালে-! চোখ ছাপিয়ে জল
কপোল বেয়ে পড়ে! সোনা!আমি
বোধহয় ছিলাম স্বপ্নের ঘোরে।
তাই আজ আর উঠতে পারিনি ভোরে!
দেখি জানালা দিয়ে এক
চিলতে রোদ এসে পড়েছে
সোনার মিষ্টি মুখের 'পরে।

❧❧❧

বাবা

বাবা সে তো 'বাবা'-ই হয়
বাবার তুল্য কেহ-ই নয়,

যতই আমি আদর করি
যতই রাখি সুখে--,
কষ্ট একটা থেকে ই থাকে--
সোনার ছোট্ট বুকে !
অদ্ভুত এক পাগলামী তার-
কথা বার্তা চালচলনে,
খেয়াল হলেই ছবি আঁকে,
থাকে আপনমনে।
এটা ওটা জিনিস ও সে
বানায় মাঝে -মাঝে
পড়ে থাকা জিনিস গুলো
লাগিয়ে দিয়ে কাজে।
এসব কাজের মাঝে
যে তার একটাই চাওয়া,
মনের আঘাত চেপে রেখে
ক্ষণেক আরাম পাওয়া।-
টিভি তে বা বাস্তবেতে
দেখলে বাবার আদর
চোখের জল লুকিয়ে ফেলে,
ঢেকে নীরবতার চাদরে।
প্রশ্ন করে,মা বলোতো?
কত না ভালো হোতো
থাকতো যদি বেঁচে বাবা
ঐ সবার বাবার মতো?
আমি ও তাহলে বাবার সাথে
খেলতাম লুকোচুরি,
তোমাকে লুকিয়ে বাবার সাথে
করতাম ঘোরাঘুরি!
উত্তরে শুধু কান্না ছাড়া

কীইবা দিতে পারি
আমি ই যে তোর বাবা
বলে বুকে জড়িয়ে ধরি!
দাদা যখন মারা গেলেন,
তুমি ও তো কাঁদছিলে মা
দাদার কথা ভাবলে তোমার
কান্নাই থামেনা।
এবার তাহলে বলো মাগো?
তুমি তো কত বড়ো--
আমার বয়সে বাবা গেলে
তুমি কী আনন্দে থাকতে পারো?
প্রশ্ন টা যে নির্মম সত্য!
বলার কিছু ই নেই,
জন্ম মৃত্যু নিয়ন্ত্রিত,
সৃষ্টি কর্তার হাতে ই!
এখানে তোমার আমার
কারোর যে গো,
কিচ্ছু করার নেই,
তাই খুশি মনে থাকো বাবা!
দুঃখ করতে নেই।
তুমি ই আমার ছোট্ট বাবা
আমি ও তোমার কল্প বাবা।
দুজনাতেই থাকবো সুখে
আমাদের আর নয় কো ভাবা।
পিতৃস্থানীয় যারাই ওকে
একটু আদর করে,
বড্ড খুশি হয়ে তাকে
নেয় যে আপন করে।
হোকনা সে ছোটমামা

হোকনা অন্য কাকা মামা,
আত্মহারা হয় আনন্দে
আহ্লাদে আটখানা!।
তবে সোনা ও জানে
আমি ও জানি
জানি আমরা সবাই,
বাবার স্থানে কেউ বসেনা
বাবা সে যে বাবা-ই।

❧❧❧

অচিন পুরে

মরুভূমির পথ ধরে-;হেঁটে চলেছি আজন্ম-!
ক্লান্তি নেই সে হাঁটার-;
তৃষিত-মন, একটু জলের আশায়-
মাইলের পর মাইল হেঁটে, জল
ভেবে মুখে তুলতে গিয়ে, চমকে ওঠে,
এ-তো, একমুঠো বালি!
মরীচিকার পিছনে ছুটে চলা মন-;
রক্তাক্ত পা-; একটু বিরাম চাই!
যেতে চাই, এমন কোনো পুরে,
যেথা নেই কোন অভিযোগ,নেই- দ্বন্দ্ব,
নেই ইচ্ছে-পূরণের লড়াই।
একটু শান্তি চায়, এ অবশ-মন!
যেথা সদা শান্তি বিরাজ করে-
যেথা গেলে আর ফেরেনা কেউ,
যেতে চাই সেই অচিনপুরে।

Enter Caption

অচেনা

চেনা মুখের মাঝে অচেনা মানুষ,
ভেবে আপনজন, কতনা মনের কথা
জমা করেছি, ওদের কপট ভালোবাসার-বক্সে!
সরেছে পর্দা, ফেটেছে ফানুস।
চোখে জল গড়ালেই বা কী আসে যায়?
দেখার নেই কেউ, পরিতাপ শেখায়
তারা নয়? আমিই হারিয়েছিলাম হুঁশ!
আমার কষ্টে তাদের আনন্দ।
উল্লাসের কথাগুলো ওদের-
মুখ থেকে বের হতে দেখে
ভাবি,না জানি আরও কী-
দেখার আছে?তাল কাটা গানের
মতো জীবন হারিয়েছে ছন্দ!
বিশ্বাস কী এতটাই প্রতারক?
পরকে আপন করা স্বভাবে
আজ, অনুতাপে দম বন্ধ!
চেনা-অচেনা মানুষের মাঝে
শুধুই মন পোড়ার গন্ধ!

❧❧❧

যখনরোদুরছড়ায়প্রাণে

যখন রোদুর ছড়ায় প্রাণে,
ব্যাথাতুর মন জেগে ওঠে
মিয়াঁমল্লারের তানে।
যখন রোদুর ছড়ায় প্রাণে
কবিগুরুর গান বাজে ঐ
আমার বীণার-তানে!
যখন রোদুর ছড়ায় প্রাণে

পথশিশুরা হেসে ওঠে,
চেয়ে আমার রৌদ্রজ্জ্বল
মুখের পানে।
যখন রোদ্দুর ছড়ায় প্রাণে–
মন চলে যায় তাদের কাছে,
স্বজন ছেড়ে থাকে যারা,
স্বেচ্ছা-নির্বাসনে।
যখন রোদ্দুর ছড়ায় প্রাণে–
ভাবায় সেসব মা-বাবার কথা,
জীবনভর কষ্ট করে যারা
কাটায় বৃদ্ধাশ্রমে।
যখন রোদ্দুর ছড়ায় প্রাণে–
ইচ্ছে করে,এক মুঠো রোদ
হয়ে তাদের, খুশি করি–
ওদের গায়ে কম্বল টেনে।
যখন রোদ্দুর ছড়ায় প্রাণে–
শুধু তাদের কথা-ই ফুটে
ওঠে,আমার গল্প-গানে।
যখন রোদ্দুর ছড়ায় প্রাণে–
মন চলে যায় কোন সুদূরে–
যেথা আমার মতো সর্বহারা
ব্যথার গল্প বোনে।

তোমায়ভাবি
ফাগুন এসেছে বলে–
প্রজাপতি দুলে দুলে,
ডানা মেলে উড়ে চলে–
ফুল থেকে ফুলে।

এ গানের-প্রজাপতি,
সুর-ডানা মেলে দেখি-
তবে, তুমি নেই চলে গেছ
আমাদের ভুলে!
কত-গান, কত-সুর,
শুনেছি সে-সুমধুর;
তব গানে ব্যথাতুর-মন
গেছে, সব জ্বালা ভুলে।
আজ তুমি নাই পাশে,
তবুও যে গান আছে,
অগণিত বাঙালির-
মধুর হৃদয়াকাশে-
রয়ে যাবে অমলিন,
কোনোদিনও যাবে না গো চলে।
মধু-মালতী,মাধবী-মধুপে,
ফুল-ফাগুনের সন্ধ্যা প্রদীপে,
তোমায়,ভাবি যে চোখের জলে।

❧ ❧ ❧

শিক্ষারআলো

বাবু একটু পড়ে দিব্যা গো
কি লিখ্যেছে মেয়্যেটো আমার
এক্যে উক্যে সবকে বুল্যেও
সুময় হ্যাল্যেনা কাগজটো পড়ার
কেউ বুললো পরে এসো
কেউ বুলছ্যে পড়া শিখ্যো
আরে পড়াটোই যদি জ্যান্ব্যো তবে
তুমাদের কাছে আস্ত্যে,হোত্যো?
কেমন আছে বিটিটো আমার

নিজে পড়েই জানা য্যেতো।
ছোটব্যেলায় মা হারিয়ে মেয়েট্যা
বড়ো দুখ্যি ছিলো
তবে বাপ বেটিতে সুখ্যে দুখ্যে
দিনটা বেশ কাটছিলো ভালো
লিখ্যাপড়াটাও শিখিনছ্যিলাম
বেচে জমিজমা টো যেটুক ছিল্যো
ঐ লিখাপড়া টাই কাল হোল্যাগো
আমার মেয়ে টো কেমন বদলে গ্যালো
হঠাৎ একদিন এসে বুল্যে
যেদিন কলেজ টো পাশ দিলো?
বাবা আমি বেড়্যাতে যাব বন্ধু দের সাথে
তুমার কি বুলার আছে বুলো
আমি বুলল্যাম য্যাসনাগো মা
তু এখন বড় হচ্ছিস
একা কুথ্যাও যাওয়া কি ভালো?
শুনল্যানাকো মুর কথ্যাটো
আমাকে না বুল্যেই বেড়িঙ গ্যেলো
বাপকে কাঁদিয়ে বিটি আমার
সেই যে ঘর থেকে বেড়িঙ গেল--
ফিরলো না তো আজ ও ঘরে
এতদিনে একখান চিঠ্যি এলো
এট্যো আমার মেয়ের ই চিঠ্যি
পিওন বাবু টো বুল্যে গেল।
বছর ধরে কেঁদে কেঁদে
চোখ বুঝিগো নষ্ট হোল্যা
বাবু ! পড়ে দেখ্যে বুলোনাগো
বিটি টো আমার কি লিখল্যো?
ঠিক আছে দে দেখি তবে

একখানা চিঠি পড়তে
কি আর এমন সময় যাবে?
হাঁ করে বাবুর মুখপানা টোতে
তাকিয়ে রল্যাম মিনিট খানেক
হাসি মুখ খান দেখ্যে বাবুর
ধর যে এলো আমার পেরাণে।
বাবু য্যেটা বুললো তার এটাই মানে—
মানুষের সেবা র কাজ প্যেয়েছে
ভালো আছে বাছা কজের ওখানে!
ট্রেনিং নিতে গ্যেয়েছিল
আমাকে না বলে শহর পানে।
লেখ্যাপড়া জানিনা ত্যা
বুঝতে পারিনি জীবনের মানে!
টাকা ও অনেক পাঠিয়েছে
ওর রোজগারের প্রথম বেতনে।
ভালো যাতে থ্যাকতে পারি–
বাপ যেন ওর থাকে যতনে!
মনে পড়ছে এখন বট্যে,
বুলেছিল নার্স হবে–
বাধা দিয়েছিল্যাম তখন বক্যে।
লিখাপড়া টা জ্যানত্যাম যদি
থাকত্যে হোতো না এমন দুখ্যে।
মা আমার আসব্যে লিখেছে
নিয়ে যেতে ওর ওখানে
আমাকে লিখাপড়া শিখিয়ে
তবে ই নিয়ে যাবে ওদিক পানে।
শিখবো রে মা লিখ্যাপড়া–
তোর খবর ল্যিতে যেত্যে হবেনা
কার ও কাছে কোনো খানে!

থাকব্যা যখন একা আমি
তুকে ছেড়ে এদিক পানে।
আসছি বাবা তোমার কাছে
মা দুর্গার আগমন ক্ষণে
শিক্ষার আলো পৌঁছে দিতে-
তোমার ঐ দুনয়নে।
আগমনীর সুর শোনা যায়
ঐ দেখ ঐ দূর গগনে।

Enter Caption

❧❧❧

রংতোমাদেরই

রং আমার জন্য নয়
রং মাখো তোমরা।
আগামীর রঙে রঙিন হোক,
তোমাদের জীবন।
জীবনের বিবর্ণ, বেরঙা পাতায়
শুধু কালো দাগে ভরা,
সবই জীবাশ্ম যেন!
মেলে শুধুই মন ভাঙা, বুকভাঙা–
কান্নার জলের জমা লবণ।
রং আমার জন্য নয়,
সে তো তোমাদের রঙিন স্বপন।
হয়তো এসেছিল স্বপ্নেরা,
বাসা বাঁধেনি কখনও।
আশা আসে, আশা যায়
জমাট বাঁধার আগেই
ঘর নেয় নিরাশায়!
ঠিক যেন জোয়ারের জলে–
ভেঙে যাওয়া, সদ্য বানানো বাড়ি।
রং আমার জন্য নয়,
রঙ? সে তো তোমাদেরই।

❧❧❧

রাখী

রঙীন সূতো দিয়ে গড়া ছোট্ট ছোট্ট রাখী
সবার হাতে বেঁধে দিয়ে, আনন্দেতে থাকি।
মিষ্টি মুখ ও করাতে হয় এটাই নাকি মত

কবিগুরু দিয়ে গেলেন মধুর সম্প্রীতির পথ।
ভাই বন্ধু মিত্র স্বজন সবাই প'রে রাখী
ভালোবাসার সূতোয় বেঁধে সুখেদুখে পাশে থাকি।
ভাইয়ের হাতে রাখী পরাবে বোনের গর্ব তাই
এমন মধুর দৃশ্য বলো আর কোথায় পাই?
ভাই বোন ই নয়কো শুধু বন্ধু স্নেহভাজন
রাখী বেঁধে হাতে, একে অপরের হই যে গো আপন!
শ্রেণী বর্ণ ভেদাভেদ নয়, আমরা মানব জাতি!
এক তারেতে মনটা জুড়ে হাতে বেঁধে রাখী--,
আপন করে চলতে হবে হয়ে সবার সাথী।
হাতে হাত রেখে একে অপরের অটুট শপথ রাখি,
এই রঙিন সূতো যেন সবার হয় গো মিলনরাখী।

❧❧❧❧

স্বাধীনতা

এ কোন্ স্বাধীনতা?
বীর শহীদদের রক্তে রাঙানো
স্বাধীনতার মাঝে;
পরাধীনতার পরাকাষ্ঠায়
বিষাদের সুর বাজে!
শোষণমুক্ত সমাজ গড়তে
মানুষের ব্যর্থতা,
মেকী স্বাধীনতা উপহার পেল
নামান্তর পরাধীনতা।
কোথায় স্বাধীন, কেমন স্বাধীন
কিসের ই বা স্বাধীনতা?
শোষিতরা আজ ও শোষিত ই আছে
শোষক শ্রেণীর প্রজা।
পরাধীনতার আবরণ মাঝে

এ কেমন স্বাধীন সাজা?
"তোমরা আমাকে রক্ত দাও"
আমি দেব স্বাধীনতা,
নেতাজী আদর্শের স্বাধীন স্বপ্ন
পেল আজও অপূর্ণতা।
লাখো শহীদের রক্তে রাঙানো,
বীর সুভাষের স্বপ্নে সাজানো,
ইপ্সিত স্বাধীনতা...!
অধরা আজ ও রয়েই গেল
এ যে সীমাহীন ব্যর্থতা !
পুরোনো মোড়কে নতুন আদল,
প্রাপ্ত স্বাধীনতা,
এই দিনটিকে পালন করি
নিয়ে প্রতিজ্ঞা ও সততা।
গান গল্প কবিতার মাঝে
জাগাবো মানবতা।
মানুষে মানুষে ঘুচিয়ে বিভেদ
গড়বো বিশ্বাস ও একতা।
একদিন জয়ী হবে ই হবে
মানুষ ও মানবতা।
হয়তো আমরা সেদিন ই পাবো
সত্যি স্বাধীনতা।

Enter Caption

❧❧❧

জন্মদিন

তুই যে আমার বন্ধু ওরে
ছেলেবেলার সাথি,
সুখ-দুঃখ হাসি কান্নায়

আমরা একে অপরের
পাশে থাকি।
জন্মদিনে বেঁধে দিয়ে
ভালোবাসার রাখি,
তোর আনোন্দোচ্ছল জীবনের
প্রার্থনা জানাতে
পরমপিতাকে ডাকি।
পড়ছে মনে অনেক কথাই
সেই খেলাধুলা রান্না বাটি
একে অপরের পিঠে চড়ে
রাস্তায় ছুটাছুটি ,
একে অপরকে হাসাতে গিয়ে
ঠাকুর ডাকা হতো মাটি।
একসাথে খাওয়া ঘুমানো
একসাথে স্কুলে যাওয়া,
একসাথে খেলা আর
একসাথে গান গাওয়া।
ভালো ছিল সেদিনের সেই
শৈশবের রঙীন দিন,
হাসি আনন্দে কেটে যেত
সকল রাত্রি দিন ।
কাজের সূত্রে দূরে থাকা
একে অপরের পাশে থাকা,
এভাবেই যেন কাটাতে পারি
জীবনের বাকি সব দিন।
খুব ভালো থাকিস
সোনা ভাই আমার
আজ যে তোর জন্মদিন।

❧❧❧

অবসাদ

অবাক করা ক্লান্তি যে আজ
সারা শরীর ও মনটা জুড়ে!
আশার প্রলেপ যতই লাগাই
বেড়িয়ে আসে লুকানো ব্যথা,
হঠাৎ কখন মনটা ফুঁড়ে।
ভাবনা গুলো অবাক চোখে
মনের কোণে কড়া নাড়ে!
পাতা ভরা অপ্রাপ্তিতে
জীবন খাতা পূর্ণ ক'রে—
এগিয়ে চলার দিন বুঝি ঐ
সকল হিসেব শিখিল করে।

❧❧❧

আমারমা

মায়ের মতো আপন যেগো কেউ তো হয়না,
এই স্বপ্ন ভাঙা হতাশ মনের তুমি ই সান্ত্বনা।
তোমার তুলনা তুমি ই যে মা, বিকল্প হয়না,
বুঝতো কে গো তুমি ছাড়া আমাদের দুঃখ যাতনা।
সুখ পাওনি কোনোদিন ও দিয়ে ই গেলে শুধু,
ভাবতে গেলে অতীত কথা মন যে করে ধূ ধূ ।
সকাল সন্ধ্যা রাত্রি দিনে কাজ করতে আপন মনে,
কেউ কখনো কষ্ট না পায় এটাই ছিল তোমার ধ্যানে।
তোমার কষ্ট কেউ বোঝেনি কাঁদতে বসে একলা কোণে—
শিল্পী মনের যন্ত্রণা টা আড়াল করে সযতনে,
বুঝতে কাউকে দিলে নাগো সয়ে গেলে কাতর প্রাণে।
মানুষ করার তপস্যা টাই ছিল তোমার সব,
আজ কেউ প্রফেসর, কেউ ডিরেক্টর , কেউ বা শিক্ষক ,

আড়ালে তুমি থেকে ই গেলে নিশ্চুপ নীরব!
একদিনে কেউ পাইনি মাগো এমন প্রতিষ্ঠা ,
এর মাঝে যে লুকিয়ে আছে তোমার কঠোর তপস্যা-
তিলে তিলে গড়লে তাদের দিলে মানুষ হবার শিক্ষা।
ভরদুপুরে সব মায়েরা ঘুমাতো যখন মাদুর পেতে ,
পড়ে শোনাতে তুমি আমাদের রামায়ন মহাভারত পুরাণ থেকে ,
সাথে পড়িয়ে দিতে ক্লাসের পড়া ও সমস্ত বই দেখে।
Word bookএর সকল word ছিল তোমার মুখে,
শিখিয়ে দিতে আমাদেরকে, তোমার কাজের ফাঁকে।
রাখতে খেয়াল বাবার ও যে সম্মান শ্রদ্ধার সাথে,
পঞ্চ ব্যঞ্জন রান্না করে খাওয়াতে নিজের হাতে ।
ইস্ত্রি করা ধুতি পাঞ্জাবী নয়কো শুধু ই মোটে,
জুতো পালিশ টাও করে দিতে বাবার অফিস যাওয়ার পথে।
অতিথি ফকির বাদ যেতনা পেত সমান কদর,
প্রতিদিন ই দশ কুড়ি জন পেত অতিথি আদর।
সবার শেষে জলে ভাতে খেতে দিনান্তে একবার ,
এছাড়া সময় ছিল না তোমার অন্য কিছু খাওয়ার।
ছেলে মেয়ের স্কুল, স্বামীর অফিস প্রতিবেশী আত্মীয় স্বজন,
সবার খেয়াল রাখতে তুমি হয়ে অতি আপনজন।
মেয়ে দেখার শাড়ি চায়,কারো আবার টাকা চায়
আত্মীয়দের বিপদের দিনে, দিলে বন্ধক তোমার গয়না টাই।
আপনপর ভুলে তুমি সবার করেছ সমান খাতির
নাম দিয়েছেন অন্ন পূর্ণা, আশীর্বাদ করেছেন অতিথি ফকির!
ক্লান্তিহারা পরিশ্রমে দিন কাটিয়ে দিনে দিনে আজ ব্যথা কাতর!
তুমি যে মোদের বটবৃক্ষ ভালোবাসার চাদর,
ভালো থাকো মাগো তুমি বাঁচো শত বছর।

আমারস্বপ্ন

আমার স্বপ্ন হারিয়ে গেছে,
তোমার শবের সাথে–!
বলতে পারো? কেন দেখি
স্বপ্ন তবে, অশ্রু–ভরা রাতে?
মৃত মনে জাগে শুধু–
একটাই প্রত্যাশা।
সুখে থাকুক,সকল মানুষ
ঘুচুক তাদের ব্যথা–,
পিতৃহারার শোক দূরে ফেলে–
অপরে সুখী করেই যেন,
খুশি হয় মোর বাছা।
পশুপাখিও থাকুক সুখে–
নিয়ে কলতান ও তার ভাষা।
ছন্দে ফিরুক প্রকৃতি আবার,
পেয়ে এমন মধুর ভালোবাসা।
সবার সুখের মাঝে–ই
হবে,আমার কল্প বাসা।
বেঁচে থাকুক সবার সাথে–
সবার আপন জন,
হাসি–আনন্দে মেতে থাকুক,
সবার মন–প্রাণ।
অকালমৃত্যু, অভাব–অনটন
যাক্,শতেক যোজন দূরে–,
কারো জীবনে দরবারী–কানাড়া
না বাজুক,করুণ সুরে–
বসন্ত রাগ বিরাজ করুক,
সবার জীবন জুড়ে।
স্বপ্ন পূরণ হলেই যাব–
তোমার কাছে ফিরে,

থেকো তুমি অপেক্ষাতে–
দেখা হবে যেদিন তোমার,
আমার শবের সাথে।
কামনা কোরো যেন 'সেদিন'
আর, না হয় বেশি দূরে!
ফিরে পেয়ে তোমায় আবার
গাইব নতুন সুরে।

❧ ❧ ❧

লোভেরক্ষোভে

মেয়েটির সারা শরীরে সিগারেটের–ছ্যাঁকা খাওয়ার ক্ষত!
জানতে চেয়েছ?
কেন এমন হলো?
কপট বিয়ের–জালে জড়িয়ে–
অর্থলোলুপ স্বামীর লোভের ক্ষোভে!
ছেলেটি এত বেলা পর্যন্ত ঘুমায়,
ব্যথা ভুলতে ঘুমের ওষুধ খায়,
কেন জানে কেউ?
বেকারত্বের জ্বালায় চাকরি খুঁজতে সর্বস্ব হারিয়ে,
অন্যের হাত ধরে চলে যাওয়া প্রেমিকার বঞ্চনার শিকার।
প্রেম–হীন সংসারে একাকী কেন?
জানা নেই তো?
অর্থ–পিশাচ দুনিয়ার দুর্নিবার আগ্রাসী লোভের ক্ষোভে,
অসহায় বৃদ্ধ পিতা–মাতা তাদের ইচ্ছের বিরুদ্ধে,
কেন আজ বৃদ্ধাশ্রমে?
সারাজীবন অক্লান্ত পরিশ্রমে মানুষ গড়ার প্রচেষ্টায় ব্যর্থ,
তাই আজ তারা কিছু আত্মসুখী, স্বার্থপর অমানুষের লোভের ক্ষোভে।
দেশ জুড়ে আজ বিপন্নতা সত্ত্বেও–
কেন আর নতুন সুভাষের জন্ম হয়না?

মানবতা আজ সুর হারিয়ে কালের-অতল তলে কেন?
কিছু অমানবিক ক্ষমতা-লোভী মানুষের লোভের ক্ষোভে।
প্রশ্ন শুধু একটাই,
মানুষ, তোমরা কবে মানবিক হবে?

❧❧❧

চোখেরভাষা

তোমার কাজল দুটি চোখই ছিল
আমার সুখ-স্বপ্নের বাসা।
ঐ চোখেতেই ছিল আমার
মনের গোপন প্রাঞ্জল ভাষা।
চাহনিতেই ফুটে উঠতো যে গো
তোমার সকল প্রত্যাশা।
সুখ দুঃখের অনুভূতি-
যাই বা কিছু হোতো-
পাতা মেললেই বোঝা যেত
তোমার কাজল চোখ দুটো।
বুঝেও হয়তো বুঝিনি তখন,
তোমার চোখের ভাষা-
তোমার চোখে ছিল কত-
গভীর ভালোবাসা !
যবে থেকে মুদেছ চোখ,
বেঁধেছ তারাদের দেশে বাসা-
হারিয়েছি সব সুখ-স্বপ্ন,
যা ছিল সব আশা।
আজ একান্তে তাই মনে পড়ায়
তোমার চোখের সেই ভাষা।

❧❧❧

লবানেরদিন্যে

লতুন ধান পুরোন্যা অন্ন,
পাই যেন জন্মো জন্মো।
লবানের সাঁঝে এ কথাটাই
বুলা ছিল আমাদের ধম্ম।
সবাই আজ ঘরে ঘরে
পায়েস পুলিটো করে।
আখ,আদা,দুধ, চালের গুঁড়া
সাথে দিঙে নারক্যেল কুঁড়া,
মুনের সুখ্যে সবাই যে অ্যাজ
লবান পালন করে।
লতুন আতবের পায়েসের গন্ধে
বাতাস মো-মো করে,
গন্ধ শুক্যেই পেট ভরাই অ্যাজ
আমি পথের 'পরে।
আমার মতো চাষীরা যেদিন
ফসল তুলল্যো ঘরে-
আমি ও গেল্যাম ধান তুলত্যে
আমার জমির ধারে,
বাবুটো এসে দাঁড়িন বুলে-
"এ ধান যাবে না তোর ঘরে"।
অবাক চোখে তাকিন ছিল্যাম
বাবুর মুখের দিক্যে-
মিনিট খান্যেক ধরে।
বাবু বলেন-"মেয়ের বিয়েতে
টাকা নিয়ে ভুললি কেমন করে"?
শোধ তো আমি দুব বাবু-
আগে ফসল তুলি তো ঘরে?
"ও জমিটা আমার এখন

আঙুল ছাপে বেচলি জমি
দেখ তুই মনে ক'রে" ।
অভাবে পড়্যে মেয়েটোর বিয়্যাতে
লিয়েছিল্যাম আট-কুড়ি,
মুখ্যু বুল্যে ছল-কপটে
বেহাত হ্যালো জমিজমা ঘরবাড়ি!
কুথ্যায় বা অ্যাজ দুধ নারকেল-
নলেন গুড়-ই বা কুথ্যা?
ভিখারি বুল্যে থালায় ছুড়্যে মানুষ,
কদমা আর শুকন্যো বাতাসা।
চোখের জলে ভাসিন দিঙে
পুরোন্যো দিন্যের কথা
মুন কে বুঝায় এমন ক্যরেই
লুকাত্যে বুকের ব্যথা।
এভ্যাবেই চল্যে দিন রাত এখন
অভাব আর প্যাটের টানে-
আশায় বাঁচ্যি উপরবালা
যদি সুদিন আন্যে।
আমার অভাব আমারই থ্যাক
আমার প্যাটের টানে-
গন্ধে মাতুক বাবুমুশাই
আমার আমন ধানে।
বাউল বুঝি গান ধরেচ্যে,
আজ লবানের দিন্যে!
(আদি গ্রামীন ভাষায় লেখা এই কবিতা। 'আট-কুড়ি' বলতে এখানে
কুড়ি টাকার আট গুণ অর্থাৎ ১৬০ টাকা বোঝানো হয়েছে।)

ছল

বলেছিলি ভালোবাসি–
আমায় ছাড়া নাকি, বাঁচা যায়না!
আমার মতো নাকি,কেউ ভালোবাসেনা তোকে।
না বুঝেই তাই মন দিয়েছিলাম সঁপে।
আশা নিরাশার হাজারো কথা,
কত গান, কত ভালোবাসা।
দিন যায়, ভাষা হারায়,
মাস যায় কথা ফুরায়।
বছরের শেষে খোঁজ নিতে অজানারে–
হতবাক আমি।
সেই একই কথা বলে চলেছিস,
বসে পুকুর ধারে।
না বুঝে ছল,শুনছে সেজন–
তোর হাত দুটি ধরে।
শেষ নয় হয়তো এখানেই,
ছলনা কে অস্ত্র করে, হয়তো
মন নিয়ে খেলতে, কারোর থেকে–
আবারও হবি নিখোঁজ।
ভালোবেসেছি মন থেকে তোকে,
আমি করিনি কারোর খোঁজ,
তোরে ভালোবেসেই জীবনে আমার
বসন্ত আসবে রোজ।

❧❧❧

সবারআমি

দু'দিনের এই জীবনটাতে
সব কিছু যে বৃথা,
আজকে আছি কাল যে যাব
এটাই নিয়ম হেথা।

কিসের তবে গর্ব ,
আর কিসের অহংকার?
ডাক আসলেই যেতে হবে
কে তবে গো কার?
টাকা কড়ি ধন দৌলত...
সবই পড়ে রবে,
মিছে মায়ায় বদ্ধ হয়ে
অন্ধ কেন তবে?
এই দুনিয়ার নাট্যশালায়
কেউ তো কারোর নয়,
যে যার মতো রূপে মানুষ
করছে অভিনয়।
এরই মাঝে যদি কিছু
দিয়ে যেতে পারি...
হয়তো মানুষ রাখবে মনে
হিসাব রাখতে তার ই,
আমার মতো ব্যর্থ মানুষ
কিইবা দিতে পারি?
ভালোবাসার কাঙাল আমি
শুধু ভালোবাসতেই পারি!
পশুপাখি গাছপালা,
পুরুষ অথবা নারী
চেনা অচেনা সকলকে যে
আপন ভাবতে পারি,
ভালোবাসা স্বভাব আমার
এটুকু বলতে পারি।
মানুষ যদি একটু জায়গা
দেয় গো তাদের মনে
আহ্লাদেতে চোখটি বুজে

ভাবি আপন মনে।
মানব জন্ম পেয়ে যদি,
মানুষের কাজ করি
হয়তো তাহলে আমরা নতুন
সমাজ গড়তে পারি।
আমি, আমার, তুমি তোমার
গল্প ছেড়ে যদি...
আমাদের কথা বলি,
একটু হলেও আমরা হয়তো
মানবিক হতে পারি।
আমরা তোমাদের,
তোমরা আমাদের,
"আমি"কেউই নই,
সেই অহমিকার "আমি" ফেলে
চলো মুক্ত হই।
সবার আমি হয়ে এবার
সবার সাথে রই!
দুঃখ ব্যথা যা কিছু সব
বিসর্জন দিয়ে তাকে,
হাসি আনন্দে কাটিয়ে যাব
একে অপরের ....
হাতে হাত রেখে হাতে,
সবার কষ্ট ভাগ করে নিয়ে
সবার পাশে থেকে।
যাব যেদিন ভুবন ছেড়ে
না ফেরার দেশে
সবার আমি র কেউনা কেউ
ভাববে অবশেষে
মানুষ টা বড়ো দুঃখি ছিল

তবে ছিল কিন্তু সবার
আমার তোমার কথা তো নয়
ভাবতো সবাকার
দুফোঁটা জল গড়াবে হয়তো
চোখ দুটি থেকে তার।
নিথর দেহ ভাববে আমার
দুঃখ নেই গো আর!
তোমাদের এই চোখের জলের
এমন অঙ্গীকার!
পুরস্কার তো এটা ই আমার
আমি যে সবার।
আমার আমার যতই করি
কেউ তো আমার নয়
সবার আমি হয়ে তাইতো
বিলীন হতে চাই
সবার ভালো চেয়ে এবার
চলে যেতে চাই
যে দেশেতে গেলে গো আর
ফেরার উপায় নাই!
হাসি মুখে তোমরা আমায়
দিয়ো গো বিদায়!

❧❧❧

নবীনকবি

সবে আমি নূতন সাথী–
দিবারাত্র শিখছি আমি,
এখনও যে অনেক বাকি–।
এত গুণীজন, মধুর সম্ভাষণ,
প্রতিভা বিকাশের এমন অঙ্গন–

কোথাও মেলে কি আর?
আবাল-বৃদ্ধ-বণিতা,
মেলে হেথা সদা,
নিয়ে রচনা-সম্ভার।
হয় মূল্যায়ন দিন দৈনিক-
তাইতো আমরা কলম সৈনিক!
লিখি, পড়ি, শিখি,
বাড়ে যে প্রতীতি;
সপ্তাহ শেষে প্রতিযোগিতা রীতি।
এভাবেই চলে সাহিত্য অঙ্গনে
নিত্য দিনের চলা।
বছর শেষে সাহিত্য-আবেশে,
মঞ্চে ওঠার পালা।
সগৌরবে বিজয়ীর গলে,
শোভে যে বিজয়-মালা!
কবি-ফুলে গাঁথা সাহিত্য বাগানে-
একে অপরের সৃষ্টি বন্ধনে,
আবেগ সঞ্চারী মনের গহনে,
হয় যে মিলন মেলা।
নক্ষত্র-খচিত সাহিত্য আকাশে,
সৃজন ফুলের মধুর বাতাসে-
নবীন কবি কী মেলবে পাখাটি?
এসো জানি এই বেলা।

চিঠি

তোর খুশিতেই আমার খুশি-
মনের ঘরে যতই বাজুক,
বেদন বাঁশি অহর্নিশি।

আলো আঁধার মাঝে কেবল–
এক এক করে পা ফেলা,
এগিয়ে যাচ্ছে সময় তবু–
অতীত যেন করছে খেলা।
ছুঁড়ে ফেলে সকল আঘাত–
কাজটি যে তোর এগিয়ে চলা।
বাতি আনে বাইরে আলো–
জ্ঞানের প্রদীপ জ্বালিয়ে হৃদে,
ঘুচিয়ে নিজের মনের কালো।
সুখে দুঃখে পাশে থেকে,
হয়ে সবার মনের আলো–
ভালোবাসার মন্ত্র নিয়ে,
সবাকে তুই বাসরে ভালো।
অন্ধকারের আলো হয়ে,
মনন বাতি জ্বালিয়ে চলো।

❧❦❧

মৃতপ্রায়মনেরজল্পনা

আমার মতো মূল্যহীনের
কী-ই বা এমন মূল্য আছে?
বাবা গেছে, স্বামী ও গেছে!
বেঁচে থেকে কী লাভ আছে?
পরমপিতার কৃপায় শুধু,
শরীর টুকু ই বেঁচে আছে।
' সন্তান' আর 'মা' যে গো মোর;
আমার পানেই চেয়ে বাঁচে!
মৃতপ্রায় এই মনটা যে তাই
একটু খানি শান্তি যাচে।
আঘাত-কষ্ট বুকে বয়ে;

মুখ বুজে সব যাচ্ছি সয়ে;
প্রতিশোধের হোমাগ্নি যে–
জ্বালাতে গিয়ে ও নিভাই শেষে,
আঘাত যতই দিকনা মানুষ
তারা কষ্ট না পায় পাছে!
বোবা মনের যন্ত্রণা যে
নিজেই নিজের রক্ত চোষে!
মুষড়ে পড়া মনটা যে তাই
প্রশ্ন রাখে নিজের কাছে..
ভুলটা টা যে কী ছিল আমার
জীবন খাতার পাতার মাঝে?
মৃত মনের জল্পনা তে ...
একটা ই শুধু প্রশ্ন শেষে..
আমার মতো মূল্য হীনের.,
কী–ই বা এমন মূল্য আছে?

❧❧❧

অতীতেরদোলাচলে বর্তমানকথাবলে

অসময়ের অতীত যখন পড়ে দুর্বিপাকে,
সুসময়ের মানুষ গুলো তাকিয়ে দেখে তাকে।
কী এমন করেছে সে, মনে রাখতে হবে?
ব্যর্থ অতীত চোখের জলে নীরবে চেয়ে থাকে।
সুখে-দুখে পাশে থেকেছে যেসব মানুষ জন;
পিছে পড়ে হারিয়ে গেছে;তারাই তো কুজন। !
নূতন মুচকি হেসে বলে,লাভ কী মনে করা?
কাজ নেই যে, তাইতো করে অতীতের বোঝাপড়া।
আমি আছি,ভয় কী আছে,নতুন কথা বলো?
পুরোনো সব কথা ভুলে নতুনের পথে চলো।
অবাক চোখে অতীত দেখে রূঢ় মানবতা,

সরলতা হার মেনেছে যে আজ,এটাই বাস্তবতা।
নূতন স্বপ্ন বোঝে কী কখনো অতীতের অভিমান?
গেয়ে চলে সে–যে অম্লান মুখে নূতনের জয়গান।
এরাও মানুষ? এই কথা আজ মানতেই যদি হয়–
বিশ্বাস মারা যায় তবে শেষে; দেখে মানুষের অভিনয়।
দুনিয়াটা এক রঙ্গমঞ্চ;এটাই যে সবে কয়;
কুশীলব যদি সবাই হবে, তবে দর্শক কোথা যায়?
শিক্ষা পেয়েছে অতীত এবার, ভাবে বেশ হয়েছে তার,
এবার থেকে জগতের প্রতি বিশ্বাস করা তো ছাড়?
নইলে সমাজ মারবেই পিষে, হতে হবে ছারখার,
মানবতা আজ হারিয়েই গেছে মানুষ মেনেছে হার–
পারি কি আমরা? তাকে ফেরানোর করতে অস্বীকার?

Enter Caption

❀❀❀

সুদূরেরকল্পনায়

যত গল্প- হাসি-মজা-আনন্দ
সব কিছু যে তোর ই সনে!-
কথার মালা সাজিয়ে বসি,
আমরা দুজন আপন-মনে।
সোনা যেদিন বড় হবি,
সঙ্গী খুঁজে দেব এনে-
নয়তো বা তুই-ই আনবি জেনে,
ভালোবেসে আপন করে,
নেবে তোরে সে-জন মনে।
থাকবি সুখে তোরা দুজন
নয়ন ভরে দেখবো আমি,
সেটাই শুধু সঙ্গোপনে।
সাথী যদি তোর নিজের ক'রে
নেয় তোর এই (ভালোবাসার) কাঙাল মাকে।
জানবো আমি সব পেয়েছি--
ব্যথা ভরা এই ঝাঁঝরা বুকে।
যে কটা দিন থাকবো বেঁচে--
তোদের নিয়ে সুখে -দুখে।
আর,যদি না চায়, সে আমাকে;
সামলে দুঃখ নিজের বুকে--
ভাববো এটাই বাস্তবতা।
আমায় ভালো না বাসলে ও,
আপন করে তো নিয়েছে তোকে?
শুধু একটা কথাই বলে তাকে;
বিদায় নেব তোদের থেকে--
বাছা আমার বড্ড দুখি,

শিশুকালের পিতৃহারা,
কখনও সে থাকেনি যে-
তার, অভাগী এই- মাকে ছাড়া।
দেখতে তারে যেতে দিও,
হবে যখন মাতৃহারা।
নতুন সব বন্ধুর সনে--
তোর-আমার গল্প এলে,
ভুলে থাকতে চাইবো শুধু--
(তোর) ছেলেবেলার স্মৃতি- চারণে।
আমি তো তোর- ই সুখের জন্য,
এসেছি স্বেচ্ছায় নির্বাসনে।
একথাটাই বলবো আমি
বলবো শুধুই মনে- মনে
মন খারাপ করিস না খোকা,
ভালো আছে তোর মা, বৃদ্ধাশ্রমে।
একথাটা ই ভুলবো আমি
ভুলবো শুধু ই মনে মনে-
যত, গল্প-হাসি মজা আনন্দ
সব যে ছিল তোর ই সনে।

Enter Caption

❧❧❧

লবীনগাছি

মুনে পড়ে সেই জারের দিন্যে?
খেজুর গাছের রসের টান্যে–
কুয়াশা মাখা রোজ বিহানে,
বাঁশ–সরপার ঠোঙা নিঙে–
ছুট্যে যাওয়া মাঠের পানে।

সারা বছর সবুর করে,
দুট্যা পয়সা আসত্যো ঘরে।
সারা শীতট্যা কেট্যে য্যেতো
ঐ খেজুর বাগানে।

দা,নলি, গোঁজ,ছূচল্যো কাঠি,
ভাঁড় নিঙে কাঁটা গাছে উঠ্যে–
গাছের সাথে শরীল বেঁধ্যে–
দিঙে মোটা কাছি।

রসের ভাঁড় নামিয়ে শেষে,
জালায় ভরে জ্বাল দিঙেছি।
উড়কিমালায় ফেনা তুল্যে?
জ্বালের পরে জ্বাল দিঙে
মিষ্টি বাসে ঘর ভরিয়ে!
গুড় বানিয়েছি।

তাঁতরস খেয়্যে ছেল্যে মেয়্যে,
মনের সুখে নেচে গ্যেয়ে–
দিন্যে দিন্যে বড়ো হয়্যে?
আজ সব–ই ভুল্যেছ্যে–
খেজুর ডাটায় ঘস্যে বীজ মারা
আড়তদারের বাড়ি যাওয়া
বিকিকিনির বাজার তখন

তুসে ছুট্যেছে-!
বাবু তুমরা বুলত্যে পারো,
খেজুর গাছ গুল্যান আজ গেল কুনখান্যে?
কুথায় বা সেই আড়তদার?
কুম্পানির গুড়েই চলছ্যে বাজার
গুড়ের নাইকো মান-বিচার,
বাগানের খবর পেলেই কিন্তু
বুল্যা আমাক্যে একটিবার।
আমি তুমাদের সে-ই লবীন গাছি
ঐ খেজুর গাছের সাথেই
যে গো আমার কারবার।
(আদি গ্রামীন ভাষায় লেখা এই কবিতাটি। "জার" শব্দটির অর্থ
"শীত"।"বিহান" অর্থে "সকালবেলা")

❧❧❧

ফেরোসুভাষ

দেশব্যাপী আজ বিপন্নতা;
শুধু তোমাকে চায়!
মানুষে-মানুষে বিভেদ ভুলাতে-
রয়েছি তোমারই প্রতিক্ষায়।
অলিতে-গলিতে দুঃশাসনেরা-
ওঁত পেতে বসে রয়
মানহারা আজ মেয়েরা তাইতো,
দেশমাতা লজ্জায়!
গড়ে তোলো ফের লক্ষ্মী-সাইগল
ভারতের আঙিনায়।
যাতে মেয়েরাই পারে,নিতে নিজেদের-
মান-বাঁচানোর দায়।
মহামারী নিল কত-শত প্রাণ-

কোথা গেল আজ তবে–আদর্শের
স্বেচ্ছা–সেবাশ্রম?
ফেরাও আবার আজাদ–বাহিনী,
বাড়াতে বীর জোয়ানের প্রত্যয়।
জয়হিন্দ বলে দেশে ফেরো তুমি–
হোক সুভাষের জয়।
এদেশে জন্মে ধন্য আমরা
ধন্য যে দেশ মাতা–;
যে জঠরে জন্ম নিয়েছে,
ভারত পরিত্রাতা।
বন্দী তোমার দেশমাতা আজ,
জয়হিন্দ বলে তাই,
দেশমাতা ডাকে, ফেরো সুভাষ,
এখনই তো সেই সময়।

Enter Caption

সংকল্প

এ কোন সমাজ?
নগ্ন সভ্যতার উদ্দাম বর্বরতা
আর পৈশাচিক নাশকতা!
বোবা দর্শকের ভূমিকায়–
লুপ্ত লেলিহান পিষে মরছে
আজ, নামে অসহায়তা।
আত্মসুখের গর্বে প্রদর্শিত হচ্ছে শুধুই দাম্ভিকতা।
শিক্ষা, নাকি সমাজ, নাকি সভ্যতা?
এ দায় কার? দগ্ধ লাশের 'পরে
উদ্দাম নৃত্যের বিভীষিকা!
স্বজন হারানো মানুষের বেবাক কান্নার
প্রতিবাদে,নেই প্রতিবাদী কন্ঠ!
আগাম বিপদের অশনি সংকেতে
সবাই আজ স্তব্ধ।
কারো মা,কারো বোন–কারো বা অসহায় শিশু–
লোভ ও প্রতিহিংসার দহনে দগ্ধ,
মানুষের চেহারার আড়ালে লুকানো
পশুদের ধ্বংস লীলায়, ধরিত্রীও আজ ক্লান্ত।
কবে তোমারা মানুষ হবে?
কান্না নয়, অসহায়তা নয়,
আত্ম-সুখেই হয়োনা ক্ষান্ত।
প্রতিবাদ আর প্রতিরোধে মোড়া–
সমাজ গড়ে,বাঁচাও সভ্যতা,
বিষাদ গ্রস্ত অশান্ত পৃথিবীকে
শান্ত করার এটাই হোক সঙ্কল্প।

আবারো কি হবে দেখা?
কবি তুমি নীরব কেন আজ?
খুশি কি হওনি দেখে,
এমন মধুর চৈতালি চন্দ্রিমা সাঁঝ?
ঝরাপাতা আর সবুজের আগমনে,
প্রজাপতি কেন মেলে না তার রঙিন পাখা?
তোমার চৈতালি চাঁদনী রাতে-
মনে কি পড়ায় না কবি নজরুলের কথা?
সমাজকে গ্রাস করেছে আজ শুধুই বিষণ্নতা!
তাই বুঝি আর রূপসী ললনার
রূপের মাঝে আসেনা চাঁদের কথা।
সৌন্দর্য হারানো পৃথিবীর গদ্যময়তায়
আসে কবি সুকান্তের সেই ঝলসানো রুটির কথা!
সস্তা পৌরুষের দাম্ভিকতায় পিষ্ট, নারীরা আজ
অজানা শৃঙ্খল ভেঙে একবার ও কী
তুলে দাঁড়াবে না মাথা? তাই কি সমাজ ভুলতে বসেছে,
কবিগুরুর রাজেন্দ্র নন্দিনী চিত্রাঙ্গদা?
হারিয়েছে চৈত্রের ভাবাবেগ,
রূপোলী জ্যোৎস্নার মাধুরী, আর দক্ষিণ সমীরণ সাথে
বাসন্তী ফুল-সাজে রাঙা বাসন্তী কবি-গাথা।
চাঁদের মাঝে রুটি খোঁজার গল্পই আজ গদ্যময় বাস্তবতা।
বাতাসে তাই আসেনা চৈতালি সুবাস,
পোড়া লাশের গন্ধে ভরে আকাশ!
অবচেতন সত্তার আড়ালে, চেতনার গ্রাসে
লুপ্ত হয়েছে আজ সৌন্দর্যের ইতিহাস।
মুক্তি নেই, তাই বুঝি সবাই আজ,
সেজেছে অসহায় জীবন্ত লাশ।
বিবেকবান কিছু মানুষের মন ঘিরে বিষণ্নতা,

মলিন ভস্মে ভরেছে জীবন-পাতা,
চাঁদ নিয়ে লেখা হয়না আর রূপকথা।
ভেঙে কবির নীরবতা-
হাজারো অমানবিকতার মাঝে প্রশ্ন মানবিকতার-
দক্ষিণ সমীরণ,চৈতি বাতাস আর
সবুজ শ্যামলিমা ঘেরা বিশ্বের সাথে-
আবারও কি হবে দেখা?

Enter Caption

Enter Caption

কবিরবিষয়েদুএকটিকথা

মৌসুমীর জন্ম মুর্শিদাবাদের এক প্রত্যন্ত গ্রামে এক সাধারণ মধ্যবিত্ত পরিবারে । প্রাথমিক থেকে উচ্চমাধ্যমিক পড়াশোনা গ্রামের স্কুলেই। অর্থনৈতিক অনটন ও নানান রকম সামাজিক বিপর্যয় এর সঙ্গে যুদ্ধ করতে করতে বাংলায় স্নাতকোত্তর। একটি বেসরকারি স্কুলের শিক্ষকতার সাথে সাথে মনের খেয়ালে কবিতা লেখেন মৌসুমী। প্রথম কবিতা প্রকাশ মুর্শিদাবাদ সাহিত্য সংসদের ঊর্বশী পত্রিকায়। সক্রিয় ভাবে যুক্ত হাওড়ার কলম সৈনিক সাহিত্য পরিবারের সাথে। নিয়মিতভাবে লেখেন ওঁদের প্রকাশিত নানান পত্র পত্রিকাতে। আন্তর্জাতিক আনন্দ আশ্রম অভিরূপ সাহিত্য পরিবার থেকেও প্রকাশিত হয়েছে কবিতা। কলম সৈনিক সাহিত্য পরিবারে কবিতা এবং নিবন্ধ লেখার জন্য এ বছরের বর্ষ সেরা কলম সৈনিক ২০২২ সম্মাননায় সম্মানিত হয়েছেন মৌসুমী।

কবিতা লেখা ছাড়া ও মৌসুমী গান গান। রবীন্দ্র সংগীত ও ধ্রুপদী সঙ্গীতের তালিম শৈশব কাল থেকেই। গান গেয়েছেন বেতার শিল্পী হিসাবে। এছাড়া পশ্চিমবঙ্গ সরকারের তথ্য ও সংস্কৃতি দপ্তর এর তরফে বিভিন্ন লোকসংগীত গান গেয়ে জনমানসে সচেতনতা বৃদ্ধির কাজ করেন মৌসুমী। মুর্শিদাবাদ এর কোরাস নাট্যগোষ্ঠীর হয়ে গণসঙ্গীতের মাধ্যমে সামাজিক জাগরণের নানান কাজ ও করে থাকেন তিনি। নানান ভাগ্য বিড়ম্বনা ও প্রতিকূলতা উপেক্ষা করে সাহিত্য ও সংগীত চর্চা চালিয়ে যাচ্ছেন এই উদীয়মান কবি।

www.ingramcontent.com/pod-product-compliance
Lightning Source LLC
Chambersburg PA
CBHW061359160726

47995CB00001B/382